ALVARO VERGARA
CONFLAGRACIÓN CARIBE

N
861.44
V494   Vergara, Alvaro
            Conflagración Caribe / Alvaro
Vergara. -- 1a ed. -- Managua : INC/Enitel,
2007.
            64 p.

            ISBN : 978-99924-937-2-4

        1. VERGARA, ALVARO-POESIAS 2.
POESIA NICARAGUENSE-SIGLO XX 3.
LITERATURA NICARAGUENSE

Gobierno de Reconciliación
y Unidad Nacional
El Pueblo, Presidente!

NICARAGUA TRIUNFA!
UNIDA

Instituto Nicaragüense de Cultura

Acercando a la gente

Colección Cultural Enitel

Esta Publicación es realizada por el INSTITUTO NICARAGÜENSE
DE CULTURA en apoyo a la literatura joven de Nicaragua,
GRACIAS al aporte cultural de ENITEL, en ocación de la IX
Feria Internacional del Libro en Centroamérica, realizada en
el Palacio Nacional de la Cultura del 17 al 23 de septiembre
del año 2007.

Diseño, diagramación: Álvaro Vergara
Cuido de edición: Rodrigo Peñalba
Impresión: Litografía El Renacimiento

A:
MARÍA LUISA ACOSTA (I Y II)
FRANCISCO GARCÍA VALLE
Y
ARISTIDES ACOSTA GONZALEZ

9-10-04

ASÍ COMO LA MONJA TITIRITERA,
PARECISTE CAZAR TRAS DESERCIÓN
—Y NO FUSTIGO ESTILO.

ADIÓS ANCIANO,
NO ERES MÁS AHORA
QUE TOTAL ESPECULACIÓN

—GRACIAS.

SENO 2.0

DENTRO AZORADO DILUIR SIENTO
LO QUE RESISTE AISLO CRISTAL
DE PERÍMETRO ALUMINIO-VENTANA.

ALLÁ HACE FRÍO EN LA VILLA
DE FAROLES APAGADOS Y OSCURANA
DO UNA CÚPULA IRIS GASOLINITA
DIFIERE TODA POSIBILIDAD.

LAME LAS PIELES UN HILO ÁRTICO
QUE ARA EL ÉTER DESTE SOPOR
E ILUMÍNENSE EN NEÓN TURQUESA
EL JUEGO DE LÍNEAS HORIZONTALES.

UNA MULTITUD RANCIA CORRE
EN MONOCROMO METRAJE NEGRIAZUL
CUAL CÓMICO HOMOGÉNEO TODO
CULMINA BÚSQUEDA EN ESTA PALABRA:
<<NO>>.

DANZA COMPLETA EXISTENCIA EN
SALPICADOS PÍXELES A LAS 3:00 AM.
UNA SONRISA DOPADA, UN TITULAR...
ENTRETANTO TOCA SIN CONTEXTO FÜR ELISE

WARBANKA

RAPSODIA PRIMERA:

INSUBORDINADO DESENCANTO
GIROS SENSUALES, PRETERICIÓN
—LA LUCIDEZ TE ESCUPIÓ—
COMO PERLAS CON PIES.

HACIÉNDOTE CÁLCULOS
METAFÍSICOS, RETÓRICOS,
ESOTÉRICOS [...]
PERO NUNCA SILENTES.

TU BOCA
EMBADURNADA,
PASTAS ROJAS,
MIGAJAS
MIENTRAS INSULTAS.

RAPSODIA SEGUNDA:

ARRÁSTROME EN PURPÚREO VACÍO
SOBRE UÑAS INCRUSTADAS, ¿MÍAS?
OLORES DE CARNE, UNA VEZ MIMADA
CON LETARGOS INFANTES, PIADOSOS.

MATEMÁTICA REPRIMIDA,
EVASIÓN, POR FAVOR...
—TRASNOMINACIÓN
ME PUEDE TRANZAR—

RAPSODIA TERCERA:

HABÍAS SIDO CELEBRACIÓN
ERAS DIMINUTIVA:
SENOS, VULVA,
LABIOS SÁTIROS
(PARÉNTESIS),

PIEL VASTA...

",.EN CUATRO AÑOS"
SÍ, SOY NECIO, CAPCIOSO.
Y TÚ ODIAS ESTO.

PIEL DE PUÑO
CORROYÉNDOSE
EN DIQUES DE GRIMA.

TE CEÑÍ
EN UN BISEL
COMO NADIE PODRÁ,
COMO DESMERECES.

RAPSODIA CUARTA:

TUS CALLEJAS
EN LA HISTORIA
PREPOTENTE ESPECTRO,
¡MEDIOCRE TOTALIDAD!
YO TE RETO.

SERÉ DISYUNTIVO,
CAPRICHOSO HUMANO.

LABRARÉ HERRAMIENTAS
A TRAVÉS DE MILENIOS,
MINARÉ CIVILIZACIONES
Y QUEDARÁS DESGUARNECIDO
TU SÍNCOPA SEGUIRÁ
SIN VICTIMAS.

LA VERDAD,
LA SACRIFICARÉ.
—INADVERTIDO

HASTA LA DESCARGA;
Y TÚ:
EJECUTADO.

LAS ARMAS:

PERO MI MERETRIZ
NO OSA NEGARSE
—SIEMPRE HAY PALABRAS—
ASÍLAME EN SU REGAZO.

DESDE BAJORRELIEVES
LLAMÓ LA CAZA,
TEJE LONGEVIDAD,
DICEN QUE ES INDIVIDUA
NO SÉ.

SANGRA RIENDO
CON EL CURSOR
EN TRASNOCHADAS DIPSOMANÍAS
GRITANDO
SU HIMNO PORNOGRÁFICO.

—SIGUE, SIGUE—
ME CLAMA
NO ESPECULO ADÓNDE VAMOS
PERO MORIRÉ.

FRENTE INTRÍNSECO:

3:40 AM
SOLILOQUIO PERVERSO
ENTRAÑAS DESGARRADAS
DEL SUEÑO.

LO SIENTO
NO-ESTANDO.

YO MALDIGO,
LAMENTO,
LO SUJETIVO.

RECUERDO:
LOMAS BAJAS
Y MI TRINEO
SOBRE LA NIEVE.
SUELOS NEGROS
CON CRISTALES,
DONDE CRUJÍAN
LAS AGUJAS DE PINO;

LEYENDO EN EL BALCÓN,
LA PERRA DORMIDA,
HELADA QUEDA
EN LA HAMACA.
YA VINO

Y TRAJO PAN DE COCO.

HELADA CIÉNAGA SO BRISAS,
ARTICULACIONES CORREN,..
PITA AGUDECILLA POLUCIÓN DE PÉTALOS
EN ALBAS DE ESTRATÓSFERA.

TACTO.
FRUTOS ANISES GRANIZADOS
INTOXICAN LA LENGUA, CUAL VERSO.
Y PRECIOSOS SENOS
        SE DEFORMAN ENTRE DEDOS.

ETERNO E INFINITO VACÍO,
-RESPIRA- AHORA TU CUERPO
ABAJO, DORMIDO, REDUCIDO,
SOLITARIO.

ME LLAMO DESEO.

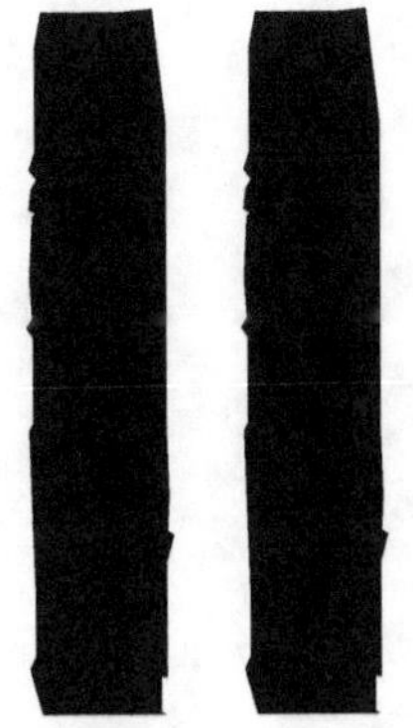

NULOS RUGIRES DE PUMA
ELECTROCUTAN FIBRA CARNAL,
MEDIO DESPLAZO, VACÍO...
—DICTAN DIRECCIÓN DE LENGUAS.

TRACCIÓN INCISIVA —SÍ.
JADEOS CIFRAS, DIENTES.
COMO EXTRAÑOS;
        ENMUDECE FRÍA PLAZA
        SIN ECO SECRETO.

KILÓMETROS DE ARBOLEDA
VUELAN DELIRANDO,

SÓLO RIJOSOS DELEITES
INFLIGEN EXISTENCIA.

VEGETAMOS MAÑAS
(DEPLORABLE ESPECIE),
CADÁVERES DESECHABLES,
200MB DE JUEGO-CONSUELO...

OBSESIONA DESNATURALIZADO:
—TUS BABAS, SU CABELLO
¡DOBLA LA ESQUINA!
¿PORQUÉ TIENEN QUE LLORAR?

CALCINADOS DEDOS Y EXTREMIDADES
FUMAN A SÍ MISMAS
NADIE DICE "CARBONIZADO".

LLUEVE
—UN RESONAR TAN PLURAL
ACORRALA DÉFICITS DE ATENCIÓN
EN MITOS UNÍSONOS
CUANDO SODOMIZA REALIDAD.

ALVARO VERGARA

CONFLAGRACIÓN CARIBE

A LOS RAMA

1

FRÍO Y PERSISTENCIA, CALCÍNANSE CON LANGUIDEZ;
SOMBRA, DISIPADA POR PULGADA, ULTRAVIOLETA.
BRILLO TRANSFORMÁNDOSE, ABANDONA PINTA.

EL PERFUME SILVESTRE EMANA, LA FLORA HIERVE EL SOL.
ENSANCHA VERDE IRRADIACIÓN, BOSQUE;
BRILLA ARENA ÁUREA EN LA PLAYA.
ESTÁ AMANECIENDO EL MUNDO RAMA...

TRAE LA VIDA, CALOR, PÁJAROS, SUSCITA AGUA.
RETORNO AQUÍ; SIEMPRE HURAÑO,
INMUTABLE: EL INMENSO ÁRBOL, SUELO PURO,
LUMINOSO MAR, RÍO LUENGO SIN BULLA...

LA RESERVA, AGUDA Y ES TAJANTE
AUNQUE ESTÉ LLOVIENDO, SIENTE IGUAL:
TÁCITA.

LA EFEMÉRIDE NO VIENE, NI MATA AQUÍ...
LA DÉCADA NO IRRUMPE, AQUÍ TODO CRECE, NACE,
SIEMPRE.
EL SOL TIENE HIJOS –CRÍAN ESPECTRO– NUNCA DAÑADOS.
ETERNIDAD TALLA GRAFEMAS SOBRE OXIDADOS MINERALES.
LOROS Y LAPAS SON LANZADOS ARRIBA, POR ÁSPEROS BRAZOS
        DE UN ÁRBOL
QUE NUNCA CESA MULTIPLICAR.

FRUICIÓN ES VIRGEN, VIVA, AFANOSA DE PARIR,

HAMBRIENTA.
RAÍCES SE RETUERCEN PARA BEBER, ENVÍAN VÉRTICES
PARA SIEMPRE SUMERGIRSE, SACIARSE. LOS RÍOS PATINAN
PARA LAMER TODA BOCA SEDIENTA, ASTROS MÚLTIPLES.
JABALÍS RUMIAN SIEMPRE POR ENTRE PALOS,
                                    PARA CEBAR PUEBLOS.

EN ESTA TIERRA, MERETRIZ DE QUIMERAS,
EL PASADO ARRULLA AL PRESENTE
EN CICATRICES DE LUZ, BARRO O MADERA.
LOS INDÍGENAS MIRAN LAS ENTRAÑAS DE UN PEZ
Y SABEN. JAMÁS OLVIDAN, FONEMAS NACEN GRITANDO LA VIDA
A TODO LO QUE EXISTE.

EL MÚSCULO HA LANZADO SOSTENIBLE CAZA
CON VOCACIÓN DE CARNE, ESTÓMAGO Y HUESOS.
MATERIA ESTALLA, SE REORGANIZA, OBEDECE
        CULTIVO,
CUERPOS BRONCES Y HUMANOS DE GNOSIS NAUTA...

INDÍGENA RAMA, JINETE DE ALTAMAR, ROMPES OLAS IMPOSIBLES,
HUMANIDAD SOLEADA EMPUÑANDO LONJA DE SUSTENTO.
DESDE NIÑO HASTA ANCIANO AVENTAJAS EL SOL, ABORDO DORY,
HORAS CELESTES LLENAN TUS OJOS CON CAÍDAS DE GAVIOTA...
ACUÍFEROS CAMPOS MUÉSTRANOS TU PAÍS.

ADENTRAS FÉRTILES Y DENSOS HUMEDALES, COCODRILOS
TE MIRAN PASAR,
LA SIERPE ASESINA FORÁNEOS INVASORES,
        ENTRE ÁRBOLES SE ILUMINAN VERNÁCULOS ESPÍRITUS,
Y HURACANES TRANSITAN SIN HERIR LOS INDIOS.

¡RAMA, FRUTO, FISIOLOGÍA DE TRÓPICO SIGILOSO!
CLOROFILA TE EMBRIAGA, MIMA TUS PIES LA ARENA,
LLENA TUS OJOS CON EXPLOSIÓN CELESTE,
CONDESCIENDE EL VIENTO.
—MATRIZ VASTA, ENVUELVES TUS NIÑOS.

UN INDIO SIN TIERRA, NO ES INDIO.

2

CENTENARES DE SIGLOS HACE
CATERVAS CORRÍAN DURANTE CORTAS VIDAS.

DEL ASIA MIGRARON NÚMEROS INMENSOS,
CAMINOS, TRAS PASOS DE VOLUNTAD.
BIOGRAFÍAS AVANZABAN, ENTRE CAMINOS DE PASTOS,
GLACIALES BLANCAS:
PARECÍAN CONTINUAR EL UNIVERSO.

CAZADORES PRIMITIVOS A VANGUARDIA
ACORRALABAN MAMUTS Y RINOCERONTES LANUDOS
        PARA ALIMENTAR.
MEDIO FRÍO, BAJO COPOS: ASCENDIENTES RAMA.

TRAZABAN CAPRICHOS HUMANOS EN GEOGRAFÍA
CON FRÍO EN LOS OJOS, NARICES, OREJAS.
EN MUNDOS LLENOS DE TUNDRAS HELADAS,
PRIMOGÉNITOS AMERICANOS ACOSABAN TIERRA.

CIVILIZACIONES DE ÉXODO
CULTIVARON TEOLOGÍAS PROFÉTICAS,
−ABUNDANCIAS AGUARDAN−
DECÍAN EPOPEYAS.

EN OCCIDENTE MEDIO, ALGUNOS SE CREABAN,
OTROS AVANZABAN; TAJARON POR SIERRAS,
VALLES, PRADERAS, PERO QUERÍAN SELVA.

AL REPARAR EXTENSO CAMINO
ARRIBARON A UN PAÍS FRAGANTE, ENTERO DE SOL,
VIENTO, MAR...

UN REINO NUEVO, VOMITABA ASTROS,
SANGRABA EL VERDE MÁS INTENSO,
        LES ADOPTÓ.

NO ARRASTRARÍAN MÁS CARGA,
TENÍAN NADA QUÉ TEMER...
EL CAZADOR SE TORNÓ GUARDIÁN
SOMETIENDO HUMILDAD Y PRESA.

NIÑOS CORRERÍAN DESNUDOS SOBRE PLAYAS
PERROS MANSOS JUGUETEARÍAN CON ELLOS,
PODÍAN TENER CHOZAS, GRANDES ENTRADAS
ABIERTAS AL VIENTO.

TARDÍAS ERAS LUEGO...
NOCHE FRÍA, COLÓN ARRIBÓ A COSTA,
SECUESTRÓ DOS INDIOS: EXPLOTÓ GUÍAS.
UN INVENTO LLAMADO GUATEMALA PROCREABA ESPAÑOL,
IMPONÍA CREDO.
IMPLANTADAS LEÓN Y GRANADA,
OTROS INDIOS DESAPARECÍAN...
ANONIMATO, GUARDABA LOS RAMA.

ULTRAMAR INVADÍA: MADERAS CARABELAS,
BRILLABAN AGUAS, ORIENTADOS OBJETOS CARGADOS,
BAJO IMPERIO DE CELOSOS Y REPRIMIDOS ORTODOXOS.

DE HELADA TIERRA, DONDE PERPETUA GUERRA,
RUGÍA PESTE NEGRA, REINABA LA LEPRA:
ULTRAJE ANALFABETO, MONTADOS LOS FIEROS.
FUE ENTONCES: BUCANEROS
DIERON SOBORNO TRAIDOR A MISKITOS,
                PARA INGLATERRA.

DETONADORES Y PROYECTILES A DESIGUAL CAMBIO.
BULLA, PAZ ACUCHILLADA, INDIOS EMBRIAGADOS
DE PANEGIRISMO SAJÓN Y WHISKY.

LAURELES-MARIONETA PARA UN REY MOSCO.

LOS RAMA DOMINADOS, SOBERBIA MANIPULACIÓN.
NOVEL SECUAZ DE CALIBÁN INICIÓ TRÁFICO,
LUEGO IRRIGACIÓN EVAPORADORA, DE UN PUEBLO.
ENTERO UN PLANETA CON MAMPOSTERÍA INDÍGENA.
Y LABOR CAUTIVA.

OCULTOS, FUGITIVOS EN AÍSLAS SELVAS,
HUÍAN: PRAGMÁTICA XENOFOBIA.
MENOS HOSTILES FUERON ALDEAS DEL PACÍFICO
—EN OCASIONES—.

EN UNIVERSO DE DISEÑO DIVINO,
CORNUCOPIAS ENTONADAS A VECES ROJAS OTRAS BLANCAS,
SANAS EXTENSIONES DE CORALES O CAOBA
Y LETRAS DE POESÍAS VERDES...
PLANTÓ ASENTAMIENTO LA BRUTALIDAD.

CENTURIAS LUEGO, VINO PACIFICACIÓN.
INDUSTRIAS DE HAMACAS, FRÁGILES CÁSCARAS DE CAREY,
DORYS, E HILOS DE ALGODÓN:
BLANDEARON CON ESPECIA AL EMPERADOR.
A HANNIBAL EL RAMA
DIO LA MONARQUÍA, RAMA CAY.

PURITANOS INMIGRARON A ENGLISH CAY
FAMÉLICOS CON DEROGAR COSMOVISIÓN:
PROTESTANTISMO ANGLOSAJÓN, GRIEGA RETÓRICA,
BAUTISMOS DE NOVICIOS MORAVOS.
LES AVISARON QUE CULTO OTRO ES CAÍDA,
Y ESTADO NATURAL, SALVAJISMO...
TENAZ IGNORANCIA CAUCÁSICA BALDEARON.
OCCIDENTE Y SU DINÁMICA SABEN POCO SOBRE BOSQUES
—NULAS SON PALABRAS EN EL RUMOR DE UN RÍO—.

IMPREDECIBLE ES EL JUEGO PERSEVERANTE DE SINCRETISMOS
Y LOS INDÍGENAS AJUSTARON INSTITUCIÓN.

FUGITIVOS Y HARAPIENTOS AFRICANOS
OCULTÁBANSE, NÁUFRAGOS EN ARCHIPIÉLAGOS.
HISTORIA ANIQUILADA, OSCURANAS HELADAS
ENTRE PALMERAS Y PANTANOS DE MANGLAR.
TRINCHERAS DE FLORA, TEMOR, DISCRECIÓN,
CÓMPLICES RAMAS EN MONKEY POINT.

PACTÓ EN MANAGUA, BUROCRACIA MODERNA;
EN EMULACIÓN IMPERIALISTA LONDRES HUYÓ.
TRANSMUTADA MOSQUITIA EN RESERVA:
NÁUTICO SOCAVÓN, ARTIFICIO, CODICIAS.
RUBIOS COLONIALISTAS, FRAGMENTOS EN TRATA,
IMPERTINENTE MIOPÍA POSITIVISTA.

EN HILOS DE BORRASCA AGOSTIZA,
ENVIÓ ZELAYA CUERPOS
A SUPRIMIR EL ESTADO CANTONAL.
FINAL EJEMPLAR SOBERANO,
YA MITAD RAMA, DESERTÓ.
CONTRATARON SEMÁNTICAS
COMO BASTAS OCASIONES, PARA DOGMAS.
SE CONFORTARON LOS NUEVOS AMOS
CON FÚTILES REDACCIONES ABSTRACTAS,
COACCIÓN Y TRAGOS DE RON DIERON FE,
A FIRMAS DECAPITADAS.

EL DIABLO, FUERTE Y PROGRESISTA
ESTRUJABA AMBICIÓN SENSACIONAL.
–QUERÍAS ATRAVESAR TOPOGRAFÍAS CON ESPADA,
APOSTAR FERROSAS NAVES GIGANTES, DE VAPOR–
SEMEJANTE AFIRMACIÓN RIMBOMBANTE
PARA TAL ESTADITO, INDEFINIDO.

DE NUEVO GRITÓ CONVENCIÓN OFICIAL,
APROPIACIÓN TUMULTUOSA, ETNOCÉNTRICA.
IRÓNICO, DE CIENCIA COMPROMETIDA:
—¿INDÍGENAS NÓMADAS, GRANJEANDO?—
ES LEGISLACIÓN TRAICIONERA LA AMBIGUA;
ASÍ COBARDE, COMPLICA EXAMEN LLANO.

LOS AÑOS PRORROGABAN EN MONZÓN,
Y CLÁUSULAS CIVILIZADORAS.
EL SÓRDIDO ESTRUENDO DEL DÓLAR
CON DENTADURAS DE HIERRO, HUMO Y CONCRETO
EXPLOSIONABA EN TÍMIDAS FACES.
TROPAS PROSAICAS COMPRIMIDAS EN WALL STREET,
CODICIABAN EN SUS MENÚS AL MUNDO RAMA;
UNITED FRUIT COMPANY PASÓ RASGUÑANDO
A HÚMEDOS SILVESTRES Y LABORES DEGRADADAS.

SOMOZA, EN FÁCIL RECURSO AL LATIFUNDIO
INCITÓ CAMPESINOS, EN HOGUERAS KILOMÉTRICAS
ALIMENTADAS POR CUERPOS FAUNOS E INMENSAS CAOBAS.

LA ÉPOCA ÉSTA,
VIO MONKEY POINT OCULTANDO MILITARES.
EL GOLFO PARÍA PROYECTILES, CAÑONES,
ERGUIDAS ALAMBRADAS, SILENCIO MARCIAL
Y UNA PISTA AÉREA.
EMBARAZARON NIÑAS, FORZARON TAREA.
MESES EN VAIVÉN DE COMBATE ANTICASTRISTA,
                    PERSONAL HERIDO.
—UNA GREY Y AVERGONZADA CICATRIZ
SANA EN EL LITORAL.

LOS OCHENTA: UNA CONFLAGRACIÓN FRATRICIDA
DE MUTUO CHANTAJE.
APASIONADOS SECTARIOS, NUEVOS POSEEDORES,

DOGMÁTICOS, SEUDO-JUSTICIEROS DE LA HISTORIA,
SÁDICAS CARICATURAS DE MEGALOMANÍA,
DEMAGOGOS Y ASESINOS DE INDÍGENAS.

EVANGELIZACIONES MARXISTAS POR DOQUIER,
ERRADICACIÓN DE DESOBEDIENCIA.
COLÉRICOS VÁNDALOS, CONTRADIJERON CON BALAS
A RESISTENCIA PASIVA,
TORNARON DISPOSICIÓN TRADICIONAL EN CDS.

APROVECHARON TRASTORNADOS REPUBLICANOS,
DIVIDIDOS ENTRE APOCALÍPTICA FAJA BÍBLICA Y PLUTOCRACIA,
A COMUNIDADES ATERRORIZADAS.
COVERT OPERATIONS DE LA CIA,
MOSTRABAN ARMERÍA Y USO DE RADIOS.

RECURSIVOS GUERRILLEROS PROBARON SER LOS RAMA,
OCULTOS NATIVOS DONDE VACÍO DE LUZ,
SE REVELABAN LUEGO DISPARO FATAL.
RESUELTOS E INVISIBLES, EXCITARON DEMASÍA
MONKEY POINT, WILLING CAY, YOLAINA, TORSUANI, RÍO MAÍZ...
EXPLOTABAN BAJO B-50S DE EXTINTA GUARDIA.

ESTRATEGIA OPORTUNISTA DE LIDERAZGO BASTARDO,
INICIATIVA SIN REGLAMENTACIÓN, PARA ENMASCARAR
NULA VOLUNTAD. FRENO DE COMBATE REGIONALISTA:
BAJO TUTELA COMPROMETIDA
TOTALITARIOS, LEGISLARON AUTONOMÍA.

3

SE ENCAMINAN NERVIOSAS HORMIGAS,
ROCÍOS PASAN FUGITIVOS EN MAÑANAS SOLEADAS,
AÚN CRUJEN TALLOS EN LA BOCA DE UN TAPIR.
HEMOS VICIADO VERDADES, SIGUEN CIFRADAS.
CRECE EL DIÁMETRO DE UN CEDRO, PROSIGUE
CAMINOS,   ETERNOS
          DE SELVA.

ENTRE TANTO
PLAYAS SIGUEN RUGIENDO GARGANTAS DE OLA...
VETERANOS ESPADAS PROSIGUEN FAENAS,
DESCANSAN EN HAMACAS, MIRAN LO ALTO,
REMEMBRAN GUARDARSE, OÍAN EXPLOSIONES,
REPETICIONES, MARTILLOS DE METRALLA,
FRAGANCIAS DE PÓLVORA Y SANGRE QUEMADA.
CIERRAN EN SOPOR, VIEJOS OJOS DE PIEL DURA.

UN DORY SE DESLIZA, EL MAÍZ SIGILOSO.
ESPACIO SOBRE: LLENO ESCÁNDALOS DE AVE,
BEJUCOS Y MUSGOS, LAGARTIJAS QUE CORREN...
MÁS ADENTRO, MENOS LUMINISCENCIA.
FORTÍSIMAS PRESENCIAS/AUSENCIAS, INTROVERTIDAS.
EN MUNDO RAMA MIENTRAS CAZAS,
REMAS, INMENSIDAD COHIBE ENTERO.

—EL TIEMPO ES TURBADA POLEA,
GIRA SOBRE EJE PROPIO:
HAN VUELTO FANTASÍAS CANALERAS,
CORPORACIONES ADIESTRAN PRESENTACIÓN.

ESTAFADORCILLOS SIGUEN, TAL ENFERMEDAD.

POQUITOS DÓLARES, PROSTITUYEN MISERABLES,
EMBISTEN PENAS DE NARCOS SODOMITAS:
LEGULEYO, SOBORNOS, INSULTOS Y HOMICIDIOS.

MUTILADOS ÁRBOLES RESISTEN INSOLENCIA.
CINCO SIGLOS DE PERVERSA ALTANERÍA
YACEN CARENCIA, A PACIENTES EONES SOLITARIOS.
INDIOS RAMA NO EXISTEN SIN TIERRA
Y ELLA URGE DEFENSORES.

VENERAN EL ALBA, LA CORRIENTE, CALMA.
LEEN LONGEVIDAD SOBRE CARCOMIDAS ROCAS.
SON ENTES DE PAZ, SOPLADOS POR CLOROFILA,
ETERNA SANGRE, EMANCIPADA DEL TIEMPO.
RECORREN, HOMBRES Y MUJERES NATURALES,
UNA RAZA ANTIGUA QUE REFUERZA ESPECIE.

LA ETERNIDAD SEGUIRÁ EN VICISITUD.
DESATENDERÁ CLÁUSULA, PERECERÁ IDEOLOGÍA,
HABRÁ DE MORIR LA FÚTIL AMBICIÓN.
TALVEZ SE PIERDA EL BOSQUE, PERO ALGÚN DÍA
REGRESARÁ.

APUNTES

ATESTIGUAS, SIMULTANEIDAD
DOCUMENTO VOYEURISTA
DE MUNDO ENFERMO Y LOCO
—ES MUY VERSADO
NUNCA DICE NADA.

EMPECEMOS: GENEALOGÍA,
DÍCESE DE IRRASTREABLES ÁGRAFOS.

ESTOS SILENTES VERSOS
—HECES ALITERADAS—,
SON SÓLO DE TINTA
NO SON SONIDOS
—ASÍ LOS DOS FINALES—.

POSMÓ

ANTIPATÍAS, UNÍSONOS
BRAMIDOS
BULLEN BAJO PIELES
ENTRE CHULETA...

VAGAS NOCIONES DE IRA
HAN IDO PARA SEGUIR.
NO HAY ESCÁNDALOS
SED SOBERBIOS.

EL ENTE URGE
ASÍ, HÚMEDAS FAUCES...
RONCAN ESÓFAGOS
EN LASCIVOS CANTOS
GASTROINTESTINALES.

LAS CONSTRUCCIONES
DEPENDEN;
–POSTERIORI SIN PRIORI–
NI SIQUIERA AQUÍ.

ESTROFAS PLAGIADAS
EMPUÑAN FAVORES FÁCILES
DE PERRAS.

ESCRIBAMOS PARA IDIOTAS.
PRODUCCIÓN EN SERIE
DE ETERNIDAD GEMELA,
AYER SERÁ PERENNE.

INDESCIFRABLES ESCALAS

DE VIOLENTAS EXPLOSIONES
CRISTALES, NIÑOS, POP,
OFERTA, PROTESTAS, BOCINAS, CHARLAS...
CHIRRIANTES
          SIMPLEZAS
NAVIDAD.

EXAGERA TU SONRISA
NADA ESTÁ MAL,
TÓMATE UN LATTE
CON LA TAZA-SENO
QUE TANTO GUSTA,
PROZAC ES REGRESAR.

MOVE BITCH, GET OUT THE WAY

OS CHOCARÁ LA ORDINARIEZ
—OVIDIO

AL FESTIVO AFICIONADO
DUCHO DE LAS FILAS,

<<COMPÉNSENME GESTIONES>>

(HACE METAMORFOSIS
EN TIMBRE CELULAR,
DINÁMICO VISITADOR
CRIADO DE HALAGOS
A PASA-INVITACIONES
        —ENTONA TU SON DISCIPULAR):

ALÓ, ZALAMERO PASIVO-AGRESIVO-
PALPITA PATÉTICO ODIO CANDONGO.
TRISTEZA, MI ARLEQUÍN

EMPIEZA A FABRICAR:

        *BURDOS LEIT MOTIVS
*PLAGIOS
        *VACÍAS INTROSPECCIONES

*LUGARES COMUNES
        *ESTRUCTURAS AGOTADAS
    *REFERENCIAS OBVIAS
*SEMIÓTICA CINÉFILA, TONTA
            *FÓRMULAS TERCAS
        *ELIPSIS PREVISTAS
*NARCISISMO MELANCÓLICO

SE ESCRIBE EN LOS CAFÉS,
LABRANDO SÍLABAS DE "CIGARRILLO"
FILOSOFANDO...
TONTERÍAS DE FALDERO
MARCO PLÁSTICO ENTRE LABIOS.

A LOS QUE FUERON CREADOS
Y SIMULAN CREAR
ESCABULLENDO EN PESADILLAS
EL AMARGO ORIGEN NEGADO.

ABYECTAS POSES SUICIDAS
IMPUGNAN ANONIMATOS
EN FÚTIL MISIÓN PARASÍTICA
HURGAN HECES DEL TALENTO.

ÁSPERA DE ÁNIMOS
ES LA PARANOIA DEL FRAUDE-
CONFORMISTA IMITADOR,
NUNCA FUE BUEN NOMBRE
AUNQUE OBJETEN
        LOS JURADOS APÓCRIFOS.

QUE LA MORRIÑA CONSPIRADORA
NO ENSANGRIENTE MANOS TRÉMULAS
        NO NIEGUES A TU PADRE
SI TUS VERSOS HAN DE SOBRAR.

CANIS ET SCELESTUS

DEFECADOS EN LUPANARES SÓRDIDOS
CUALES PECES SÉPTICOS
SE DISPARAN ALEGREMENTE
SO LA INMUNDICIA
TÓXICA DEL GUETO.

ÉL NECESITA C$ 10,00,
UNA ÑÁNGARA MÁS,
PARA SU CUMPLE NÚMERO 30:
TIENE POCAS LETRAS
Y MENOS OFICIO,
PERO LA PASEA EN AUTO.

ELLA, HUMEDAD LÚDICA,
REPARTE JOUISSANCE COMO BALAS
CAUTIZASE CON RON
Y QUEMA PESTÍFERAS FLEMAS
NEUMÓNICAS.

FRÍVOLAS FANTASÍAS FANTOCHES
REVISTAS DE MUJERES BLANCAS,
NIÑEZ IN CUBICLE ANÓNIMA.

SE ESCONDE BIEN
TRAS GRANDES GAFAS DEL SEMÁFORO.

LOCA TRISTEZA DE IMPULSOS,
DESGRACIA TRAS FUGA ENGAÑADA,
IRÓNICO CAMINO ES
PARA UNA MITÓMANA.

OTRO IGNORANTE ADICTILLO
ACOSTUMBRADO A DESPOJAR DORMIDOS
EN LAS FRANCACHELAS
LLEVÓ SU JETA A EXPLOTAR DESPECHO
CUAL PARÁSITO.

LA INCAUTA PORCELANA
SE FUNDIÓ CON EXCRETAS
MÁS ALLÁ DE LA REDENCIÓN
Y AHORA HIEDE.

A UNA TIÑA DELETÉREA
DESTILADA, COCIDA SOBRE CUCHARA
Y SERVIDA EN UNA CENA FALSA
DONDE LO CIERTO NO RETORNARÁ NUNCA.

ESPÍRITU Y SANGRE CORRUPTA
CORREN POR EL DUENDE Y SU PIEDRA;
YACE UNA INFELIZ REBAJADA MÁS,
DESCALZA, OBSCENA Y PARIDA
DE ADEFESIOS CONGÉNITOS.

UN RÍO, UNA VEZ.

HELADA BRISA SOBRE CIÉNAGA;
TRAS PASOS, BLUSA AMARILLA
(NADA QUEDA, ABSTRACTA RUINA).
SIGUE, DEGRÁDAME ANALEPSIS.

UNIDAD CUALQUIERA
SIGUE SERIE FUGITIVA
Y MUTA TORVAS SILUETAS.

LA CIVILIZACIÓN ES DELICTIVA
SUS VÍCTIMAS SOLLOZAN MANSAS.
JADEANTES, HARAPIENTOS
HURGAMOS PSIQUIS TROPICAL:
AMAREMOS
            MORIREMOS
      VOLVEREMOS.

VIERTE UNA LÁGRIMA REGOCIJA
EL OBESO, RUBIO VEGETAL DE PLAYERA
INERTES PÍXELES LO ADAPTAN
COMO LA SONDA LE ALIMENTA.

DÁNZAME INGENUA NIÑA,
DURANTE SOPLO NEBLINA SO TU LUNA
Y CANÍBALES CON ESTÉRILES BISTURÍS
FABRICAN PROGRESO.

EN SILENTE PLANETA GLACIAL
CRECIERAN DENTRO CHARCAS
HACES DE RETINA AZUL-TUNGSTENA;
ESTÁS, SIN CUERPO.

ACASO PÓSTUMOS Y VAGOS BRILLOS
VISARÁN QUE AZARES INVENTEN
LA LIBERTAD.

SOUL REBEL

VITALIDAD POLIFÓNICA EN CADA TIMBRE
Y SOLITARIA EXISTENCIA YACE EN YACER
COMO EXIGUA JORNADA INDIFERENTE
DE CANSADAS CONCUBINAS NATURALISTAS.

ANOCHE ME DESPERTÓ UN SILENCIO
QUE, A LLANTO PARTIDO...
HACÍASE LA PENUMBRA
MI HIJO,

HE JURADO POR LO QUE SEA
NO HE CREADO CRIATURA MÁS
QUE LA VERSIFICACIÓN E INSOLENCIA.
SUS MAÑAS CARCAJEAN INFECTANDO
TRENZANDO, CON HILOS SINTÉTICOS.

ÍBAMOS HOY A PARTIR
ESPERABA MIENTRAS OÍA EL MOTOR.

YO SÉ MUJERCITA LO QUE ES SALVAJISMO
ASÍ CORRE COGNICIÓN DE TU SALIVA
VISTIENDO EL DESABRIGO CON NUEVO ABRIGO
CÁLIDO Y LÍQUIDO.

DISEÑOS CON PIRÁMIDES NARANJAS

DO EL NILO TIENE OJOS DIBUJADOS
BAJO VISOS EN EL TOPACIO AZUL.

LA PRETÉRITA ERAS Y SUPISTE.
DAME EL MIMO QUE OCULTAS
TRAS LABIOS Y DIENTES
...DESNUDO TE AGUARDO
CUAL TIRÁNICO PORDIOSERO.
LUEGO SOLO, LA CAMINATA
AGUARDAN LONGITUDES (SÓLO NÚMEROS)
EN QUE CADA VIENTO AGASAJA
TIENTOS LÚBRICOS AL MENTÓN,
O LEVANTONES A TU FALDA TRANSLÚCIDA.

OBRA DE GENÉTICA CONCUPISCENCIA
OBSERVA MI TALANTE
BÚSCAME DETONACIÓN ESCARCHA
FUERA CUALQUIER ANTROPONIMIA.

UN SER DE COMPLETA POESÍA
VINO A VISITAR EN OCASIONES
QUERÍA INGURGITAR FURIA
PARA EXTINGUIR AUSENCIAS.

COMPLACIDO CAMINÓ SUS TRAPOS
LOS LLEVÓ A LOMO Y SALIÓ
DE LAGOON A NEW ORLEANS
QUEDARON LLORANDO JEROME Y NAVIJA
DE CAFÉS SHORTS, NIÑEZ Y CONFUSIÓN.

SOBRE LA MOTIVACIÓN

SEA POR LO QUE SEA
AUNQUE SEA
NÁUSEA.

ENTELEQUIA

MONOLÍTICA ROYA,
PUENTE ONÍRICO
DE ESCUÁLIDA PASARELA,
LUENGO DESPLAZO POSTERGA
TREGUAS DE SOSIEGO.

HECATOMBES CODICIAN
RABIOSAS EMANCIPACIONES.
PARTÍCULAS PUEBLAN VACÍOS
E INCITAN DE NUEVO LIGAR.

ES VÍTREO, ESCALA EL FRÍO
SO INORGÁNICA CALAÑA;
ASÍ MIRAS TRAS HOMBROS
CUANDO MAYAN LOS GATOS.

SOY SOLO HOMBRE
CARNE, FRONTERAS, APETITOS.
ARROLLO ENTRAÑAS DE ESENCIA;
TRAZO LOGOS (EFÍMEROS).

EXUBERANTE POLICROMÍA
AFRONTA DESIGNIOS FANTOCHES;
VESTIGEA SEMI-EXISTENCIA
YACE EN BURDA PALIDEZ.

CONSCIENTE Y ARDUO TRÁNSITO
HOSTIL A TU SÁDICO VATICINIO
ES VAGAR DESNUDO Y SOLO
POR BOTÁNICA ELECTRO–TINTA.
ANÓNIMA CONTINUIDAD FRESCA

VIAJA DESCALZA SOBRE CANTOS,
QUE ASÍ COMO ESTE ÉTER
SOBREEXCITA 33MM
EN CLICHÉS/CLISÉS

LÁCTATE EN PERPETUA LASCIVIA
LUEGO VOLUPTUOSO CANIBALISMO.
ASÍ AROMAS DE LUENGAS PIELES
CALCINAN TODA LENGUA.

SAQUEA PLACERES INDEFINIBLES
EN SUTIL RÉGIMEN MIMÉTICO
CUAL PERNOCTANTE CONECTOR
DE COGNICIÓN GRAFFITI SOBRE TAPIAS.

ARROGANTE SUMA COMPLETA
REHUYES TRAS FIJA REFERENCIALIDAD,
SEA TODO EXPRESO EN DEFINICIÓN
DE IMITACIÓN SOBRE DESEO.

DESCALIFICADOS

PEINADAS CUANDO SUCEDEN
ENTRE FIGURAS Y ANONIMATOS
SEDUCEN FASCINACIONES, ARTIFICIOS
QUE EXAMINAN SEDACIÓN.

QUEDAS HURGANDO DEMENCIA
MIENTRAS LA ESPECIE AGUARDA PARCAS.
SUPONGAMOS HEDONISMO
ES POSIBLE.
NO ES CIERTO, DICEN ELLOS.

DÍGITOS DE LA SERVIDORA
SE PASEAN POR SALIVA Y LABIOS,
CARCAJEA DESDE LA CORNEA,
    CANTURREA ABANDONÓ.

SUBAMOS EL TEMPO DE LA ANGUSTIA
¡A FANATIZAR DESAFINACIONES!
QUE CADA ENTIDAD SE CANSE,
PARA SER QUIÉN ADVIERTE, A SÍ.

ATREVERÁ ROMPER VACÍOS
MARCHANDO, GRITANDO, EN FIN.
ENCONTRARÁ TODA CONCIENCIA,
CUANDO YA NO DESAFIE.

ALMA
[REGGAETÓN MIX]

OSCURA SILUETA INCOLORA;
DE PULSOS E IRREALIDAD
DESLIZO MIS MANOS
HASTA SUBIR TU FALDA.

MUNICIONES PRECISAS
EVAPORAN ETNIA
ENTRE CARCAJADA,
HAY NUEVOS DESCUENTOS

        -¡QUIERO MÁS!

DANCEMOS
PRIMITIVOS PENTAGRAMAS
DE MANES.

PODEMOS ESTRUJAR CODICIA,
SER VÍCTIMAS
O CÓMODOS ADICTOS
-SIEMPRE ES IGUAL.

ANTES DEL SILENCIO
SE REMOLCA SIN ESENCIA
UN GIMOTEO INFRARROJO
Y CONSIGNA;

        -ALRIGHT!

SALVO

JAMÁS HABÍA ESCRITO;
UMBRALES Y SOMBRAS
ATERRADOS FILOS...
EXCLÚYETE INMOLADO.

NO SERÉ PROTERVO
MALDECIDO ENTRE BLANCOS SORBOS.
SÓLO HACINAS GENES
EN ENFERMA CRONOTOPÍA
SIN DESEO, NI DOLOR.

LA PÉRFIDA URBE ENVENENADA
SO TRUHANES Y MENDIGOS,
DE CARRERAS OSCURAS Y HAMBRIENTAS,
SE PLAGA.

CUANDO YO ERA NIÑO
UN PANDA DE FELPA
DECÍA TUS PALABRAS.

ESTE PAJARITO SE HA CONVERTIDO EN UN GRAN BUITRE

VARIABLE RASTRERA
TAN SUBVERSIVA Y AJENA
ACÉRRIMA ONTOLOGÍA
DE DIENTES Y CARNE.

LLÁMATE,
A VER QUIÉN VIENE.
ES SUICIDA LLANTO
CRISTAL EXPLOSIÓN MENGUANTE
CASI VACÍA, CASI.

CAZAMOS ARRANCANDO
EN SIGILO, AFUERA
ENTRE MUSTIOS CALLEJONES
Y ALAMBRES.

EN AZABACHE PENUMBRA
AFINAS
TU CANCIÓN DE PORQUERÍA
SE EXCITA LA DEMENCIA,
CRECE CUAL CÁNCER

                         —QUIETO.

BUENAS INTENCIONES

SHOW ME SOME BASTARD MUSHROOM
SPRUNG FROM A POLLUTION OF BLOOD.
—STEPHEN CRANE

PSIQUIS ESTÉRIL
ACARICIAS TUS MANOS
CON LOS OJOS
—GRACIOSOS.

CALCIO CACOFÓNICO
HIERE PRISIONES CENIZAS.
LA OFERTA, ERA CHISTE.
Y TÚ, MANIPULADO.

LOSASTE LEGUAS,
A MEDIDA DOGMÁTICA,
INEPTITUD REDONDA
—TE DEBEMOS.

NIEGAS VOCACIÓN,
ENFERMA MÁQUINA MUSCULAR,
DEFORMASTE EXÉGESIS A CAPRICHO
NATURALMENTE MEDIOCRE.

CONTÉNTATE:
QUE FRÍO AZABACHE
DESLIZA NULIDAD.

ALVARO VERGARA

CONFLAGRACIÓN CARIBE

LA FRUTA PERMITIDA

PÚRPURAS PERPETUADAS EN LA OFENSA
SURCANDO LOS TERRENOS RAJADOS;
MALICIA SE ESCONDE ENTREABIERTA
Y SUS CHANTAJES HACEN ECOS.

NO EXISTEN QUIMERAS EN LAS POS.
EL VACÍO, COMO ALGO, SE RETUERCE
PARA SEGUIR SU RISA VICTORIOSA.

TODA CREACIÓN ES ARENA
TERMODINÁMICA.

—¿QUÉ ES ESTO?—
LA BULLA DE TUS PENSAMIENTOS
ES UNA CONSPIRACIÓN POCO NATURAL.
—EN REALIDAD TE VES MUY FELIZ.—

ES CIERTO, PERO NO TE SIRVE
AQUÉL TROPO ATLÁNTICO QUE TANTO BUSCAS,
SUS PERSEVERANCIAS SON ATAQUES...
        ¡MIRA!

EL GRANITO DE LA PENUMBRA
CRECE OMITIENDO SU ACERTIJO
EN LA OBSCENIDAD DE LO REAL.

TUVIÉSEMOS DO
SER EXPLÍCITOS ENTES
Y NO CORDIALES, MOGOLLONES
DE LA CIVILIZACIÓN.

¿CUÁNTO MÁS ME HARÉ REÍR?

FEMME DÉLICIEUX/ SOMBRE

MEDIO LUCES COMO EN AGUA,
CUERPO GRIS DENTRO TASCA
IMPLO- Y EXPLO-
SIONABA
A MÚSICA.

SI ACERCO, MI NIÑA,
AMARRO EN PRISIÓN DENTAL
TU CUERPO.

ATACAS, FISONOMÍA HAMBRIENTA
ENTRE RETUMBOS Y PLACER,
TATUANDO LABERINTOS CON TU LENGUA.

RECUERDA LUMINISCENCIA
COMO TU CUERO
PARA MI MANO.

NÍVEA Y ROSA, NOCTURNA PURPÚREA
VELADA DURA Y DESCALZA,
CUAL CARNE DIGITAL.

MUJER DE FEBRIL MAR OSCURO
ES TU ESPINA TENSO ARCO,
HAGO MI RETORNO
LAMIENDO TU SUDOR DE MUSLOS

-ME APUNTAS LA MIRADA
COMO ARMA.

DURAZNO = MELOCOTÓN

CÓPULA HILVANADA
TRANSPARENTE–CARMESÍ,
EN INERTE RESOLUCIÓN
DIFUMINADA Y BAJA.

ERRÁTICO TACTO/ SUDOR
MILLONES DE LENGUAS
     (SU DESNUDEZ
       ES TAN MÍNIMA,
PARECIERA ESTAR SOLA),

LUENGOS MÚSCULOS
HIERVEN, SE DISUELVEN
DE BRONCÍNEA CORAZA
A FAROLES MELOCOTONES.

LÓBREGA NUBOSIDAD
ALTERA SUCULENTAS FRONTERAS,
ASÍ ATIESADAS PIERNAS
DISPARATAN EN SISMOS.

SOSEGADA SOBRE VIENTRE
(NAUFRAGO EN ADUSTA RETINA).
ESMALTADA, DESCALZA
COLUMPIA HURAÑA,
       CETRINA.

NOCTÁMBULA

CÁMARA DE MADERA, AÉREA;
LUZ TENUE, Y DESPIERTA;
SE DESLIZAN ENTRE TUS MEÑIQUES
HILOS INDESTRUCTIBLES
DE SANGRE EXQUISITA.

EL MUNDO ES AMARGO
Y NOS DEFORMA,
MIENTRAS TÚ:
DESCALZA CAMINAS,
DIRIGIENDO EL VIENTO.

MIRO AL SUELO,
NO MIRARÉ TU RETINA
TERRACOTA, PEREGRINA
—MORIRÉ.

TU PIEL ES CETRINA,
ASÍ TIERRA, QUIMERA
ARADA CON GNOSIS
Y RETUMBOS.

EN LA OSCURA URBE
TRAZAS TU ATAJO
SIN GATOS, NI MULTITUD.

OCULTAS UN PUÑO
EN TU BOLSILLO.
ERES UNA MUJER, MILITA
VUELAS SOBRE LONGEVIDAD.
ENSÉÑAME EL IDIOMA
QUE OLVIDÉ
     PARA SUPRIMIR.

ES MI CANTO; TURBADA IGNICIÓN
SI NACE MIENTRAS TE MUERDO UN LABIO,
–LO SABES.

SILENTES TUS MANOS, DESGRANAN
NEGRAS MAGMAS EROSIONADAS, CRISTALES.
SON TUS LABIOS TRAVIESOS, ROSAS
LA DIPSOMANÍA DEL CALOR ULTRAVIOLETA.

DEGRÁDAME, CON TUS PIES
SURCA CAMINOS OSCUROS EN MI PECHO.
SI REQUIERES MÁS
INSULTA CUAL NIÑA MALCRIADA
YO HARÉ SEGÚN MI ANTOJO.

RÍE, RÍE, DATE DESENFRENO;
YO DORMIRÉ ENTRE LAS DUNAS,
CUANDO DESPIERTE POR FIN
DARÉ REDENCIÓN A TU BIKINI.

PERO, PARA LAS HORAS HASTA,
SIÉNTATE FRENTE RUMBAS DE GAVIOTA,
EL RUGIR MEDULAR, EL VIENTO.

CAZARÉ PRETERICIÓN, DELIRIO
DENTRO SUBTERRÁNEOS PRETENCIOSOS,
Y RETORNARÉ.

SUPERNOVA

ELÍPTICAS EUFORIAS, CAMPANAS
ENVASANDO VINO PENDULAR...
ARRASTRA/DESLIZA DIMINUTA, DESCALZA.

HELADA LENGUA DE ACERO: TRAGEDIA.
EXPERIMENTOS DESCABELLADOS
     CON TU CABELLO
       AMARRADO, ENMARAÑADO.
DANCEMOS SOCA CONTRA LA PARED
CUALES SUDOROSOS ANIMALES
MASTICO LOCO TATUAJE-PAISAJE,
MIENTRAS 45°
SEPARAN TUS DENTADURAS SUSPENDIDAS.

TENSIÓN. Y ARCO TU ESPINA
PARA HURGAR EN HUMEDAD LÚBRICA
OBSESIONADO, CON LENGUA E INCISIVOS...
¡QUÉDATE!
¡DEJA DE RESPIRAR!

CUÉLGATE DE MI CINTURA
MIENTRAS ME ARRODILLO A REZAR,
ES TAN BUENO 'EL SEÑOR'
¡PUES MIRA ESOS SENOS!

TÚMBAME, Y HAZME GALOPAR
TIRA DE ESOS MACHONES, CIEGA,
SIN RITMO, MANIÁTICA, GOMOSA'
DESTRUYE MI LECHO.

EXPRIME CON UNA SOLA MANO
LA OPRESIÓN DENTRO DESOS SENOS
Y CON LA OTRA ESTRUJA TU MANDÍBULA
    ABIERTA.

COMPRÍMETE ASTIGMÁTICA-EPILÉPTICA
Y NO SEAS CONDESCENDIENTE
CON UN SOLO MÚSCULO ATIESADO

AHORA RESTITUYE TU RETINA
CHISPA Y ARDE
CIGARRILLOS.

CRIMEN

EL ASCO-IRA
TOXINA
      -LA POBRE CRIATURA.

LAS FAUCES RABIOSAS
DE PERRO DE MIERDA

      HIS HEAD WAS FOUND
      IN A DRIVING WHEEL

DEMASIADO HUMANO
ENFERMA MÁQUINA DE CARNE,
LLORA.

ÉRASE BELLEZA
DE CUBISTA SUICIDA.

VERA.AVI

UNA VISIÓN
DE DIMINUTA BLUSA MANTA
ONDULA,
ACERCASE BAJO RESPLANDOR
LUNAR.

ARTE DE
OJOS OPALINOS
CUAL ESTOICO ÁRTICO.

UN SOLLOZO DE BESTIA
QUE MAÚLLA
POR PALABRAS FRANCAS
EN UN MUNDO EXTINTO
ARTICULA ACÚSTICAMENTE
LA CARENCIA.

PUDIESE MECERME
COMO LAS PALMAS DE LA MAR
ARMONIZAR, RESISTIR
SIN REZONGAR
SINO EN EL MOMENTO PRECISO
CEDER.

CONFLAGRACIÓN CARIBE

ALVARO VERGARA

CRÓNICA

SERÁ UN, VERSIFICADOR
CON FRÁGILES OJOS DOLIENTES
—VENTANALES DE RELÁMPAGOS
NUCLEARES.

DESERTOR DE LA MÁCULA
SOBRE DELGADOS PIES
EMERGE EN LA OTRA ORILLA DEL RÍO
PARA RELINCHAR CON LEOPARDOS.

EL MUDO VACÍO
GENERA ESPECTROS FANTÁSTICOS
DE GIROS SENSUALES FEMENINOS;
HURAÑA FIJACIÓN AQUELLA:
LABIOS SOBRE ENUNCIACIÓN
—DIRÍA, POR DULZURA.

SE ACERCARÁ A LA OJONA
PARA SUSURRAR RAPEANDO
SOBRE NADA MÁS QUE PLACER;
SOLO, CALCANDO ALAMEDAS.

ÁGIL JUGADOR, ESTE REENCARNADO
SIMÓN RÁPIDO CON UNA CUCHARA
HIJO DE DESGARRADA CARNICERÍA
QUE CON KILOS DE SAL SE CURA.
LA SONRISA MÁS SEDUCTORA

HA SANADO DE RASGUÑOS VÍTREOS
Y TRAGADO AMARGO EN DÍAS
CUYA RAZÓN NO EXISTE
SINO EFECTO CAUSADO, GOLPE BAJO
Y LO SIMILAR.

EL ENTE RETORNA INICIADO
A SER UN PÁRVULO PIERNILARGO
QUE SE QUEDÓ SIN PERRA,
LA COGIÓ UN PIEDRERO ASQUEROSO.

CEGUERA QUE ARDE COMO METEOROS
SE DESVANECE EL ÚLTIMO CENTÍMETRO
DE ESPEJISMO.

COMO DE GOLPE (REPENTINO)
CON LOS CURSORES DE TESTIGOS
SE HIZO RÉQUIEM A LA POBRE,
NO HUBO EXORCISMO PARA LA BORRACHA.

ANDUVO,
SOBRE RESPLANDECIENTES ARENAS
IRRIGADAS POR LACERANTES VIENTOS
RESPIRANDO HELADAS LUCES NEONES.

LA TINTA DE LOS ASTROS, HECHA NATA
TOMÓ ENTRE SUS DEDOS
        PARA MECER LOS CIELOS.
INTERROGANDO DEIDADES Y SÚCUBOS
SOBRE SU REALIDAD IMPOSIBLE.

AL PENDULAR EL MANTO NOCTURNO
LUMINISCENCIAS LISAS Y RECTAS
PARPADEAN ENTRE TEJIDOS...

SE RECONOCE, ES EL QUE TOMA AGUA
HASTA LAS RODILLAS EN LA CISTERNA.

EN EL FUTURO NO OLVIDARÁS
HABÍA DICHO UN AMIGO VIEJO Y SABIO,
LA MÁXIMA RESONABA ENTRE LOTOS Y PIÑAS
QUE RECOGÍA.

SIMULABA TODA UNA VIDA
EN HIPNÓTICOS SOSIEGOS
QUE SE BARAJARON EN SU MEMORIA
Y ASÍ, ÉL PUDIESE ERRAR.

ESPÍRITU CO.

SUSPIRA,
COLMA PLENA TU DIAFRAGMA
DE CIELO.

ATIENDE SIN DESEAR
SINO SEDUCE,
LA LUMINISCENCIA
ES CÓNCAVA
    PAZ.

PERMITE EL SOSIEGO
A TUS BELLOS DÍGITOS
(POCOS Y VERDADEROS
AMIGOS)

ES TU LIENZO
EL COSMOS PRIVADO,
SI NO CREAS
PRACTICARÁS OBRA AJENA
(LÉASE: DESALIENTO).

DESCIENDE...
GRADO A GRADO
TU PROFUNDIDAD.

INICIAS UN ÉXODO
DE ESTADOS,
BAJO VISOS VIOLETAS
Y FULGURAS AZULES.

SINCERO ES TU CUERPO
GUÍA SU PODER
AL REPOSO,

LLENA TU PLEXO—
Y HAZ PAUSAS
AL REDIMIR ALIENTO.

ACERCAS A UN MARJAL
SUS PECES SON DECONSTRUIDOS
Y REANIMADOS
EN DISTORSIÓN CRISTAL.
ALTOS EUCALIPTOS SILBAN
RUMORES DE ÉTER Y CLOROFILA
QUE ENMUDECEN AL PASADO.

CONFIRMA LA DEPLECIÓN
UN SOBREVUELO DE CHOCOYOS
QUE RÍE COMO EL JAZZ.

EL VERDE NUBARRÓN
ES VÉRTICE IMPRESIONISTA
Y LLEVA CONSIGO
TODO LO QUE SUELTAS.

ENTREGA LO QUE NO ES,
LO QUE NO SIRVE.

EN LA RECIÉN ENCONTRADA
PUREZA ENCUENTRAS POSIBILIDAD;
NADA ESTÁ MAL
—SÓLO ME ALETARGARÉ
MIENTRAS MI PARTE TAJANTE
PARTE.

AVANZA, TENDRÁS QUIETUD
ES NECESARIO MIMAR LA VIDA,
SATISFACE CON FRESCOS FRUTOS
LAS VOLUPTUOSIDADES.

ESCOGE NUEVOS SENTIDOS
ENSÉÑALES QUE TE AVISEN
LO QUE ANTES TE OBVIABA;
NO ADIVINES NI CUESTIONES
        LO QUE BIEN SABES.

SANA
QUE LA ENERGÍA TE ANIME,
REGRESA, ERES SU CRIO
DESNUDO EN BAÑO DE LUNA.

EL ALBOR
EMPAPA LOS ESPACIOS
ENTRE TUS ÁTOMOS,
LOS RESPLANDECIENTES HACES
RENUEVAN TODA MATERIA
ENCIENDEN SUS FUGACES CUERPOS
PARA ABRIR SU MITAD
METAFÍSICA.

INFANCIA

DISTANTES CANTARES, PROMESA,
ALIENTO DISPERSO EN RECORRIDO.
ARRIBA TORPE ANTORCHA ENTREABIERTA
ESTÉRIL EN MI CORNEA,
IRRADIA FLUORESCENTES CAMINOS DE MIEL.
FUGITIVA HISTORIA/SELECCIÓN
PERDIDA, INMUNIZADORA DE SOLLOZOS
QUE CON RABIA Y SANGRE TORNAN MANOS EN CUERO.

VULNERABLE CARNE, ES AQUELLA
DE PASTOS IRREALES, ENORMES, VERDES
EN RODILLAS DE NIÑO.
PODÍA OCUPAR TODO EL CLARO BLANCO:
SOLEADA SONRISA, DORMIDA.
HUYEN PREGUNTAS, SIN PODER SEGUIRLAS...
NACIMIENTO DE GREDA, VINO CONMIGO,
ENSEÑANDO BARRO CON EL AGUA, VACÍO CON EL AIRE.
ANIMACIONES, VELOCES DE GATOS.
MANOS DISTINTAS A LARGAS PIERNAS
QUE YACÍAN ENTRE ROJOS LABIOS.

TURBADAS SOMNOLENCIAS
POR VER DEMASIADO, CADUCIDAD,
RECIBIR, ES QUE TODOS DABAN.

MÚSICA ARTICULADA POR UN ANCIANO:

SÓLO DECÍA.

FIJACIONES, EN SABOR DE SALIVA;
SER ILESO.

ARBOLADAS EN AZUR, FANTASÍAS
CON LECHE, JUGO Y MIEL.
LA MUERTE SÓLO DORMIR Y REGRESAR;
ÉRAMOS HIJOS, JUGAMOS OMNISCIENCIA.
REGRESABA GNOSIS AGOTADA
INFANTIL Y SENSIBLE.

ERA HÚMEDO SUELO, NO CONOCÍAS FUEGO.
MIMAS NUNCA HALLARON COLMO,
DESBORDAMIENTOS EN OJOS CAOBA
CONJURABAN CON BRILLO ESPECTACULAR.

COMO NIÑA, JUGUETONA.
ADULTA ERA ELLA, MAGNÍFICO INTENTO.
CAZADORA, TENAZ APUNTA, A PAPEL
RUMBOS DE CRISTALES ENCENDIDOS.

CONFLAGRACIÓN CARIBE

ALVARO VERGARA

LOTO FUCSIA

ERRANTES ENTRE GRAFITIS Y HUMOS
TRAS SU RASTRO CORRE ÉL QUE LA SIGUE
LA CONCIENCIA DICTAMINA
QUE ESTE CRONOTOPO NO ES FÍSICO
SINO SINCRONIZADA IRA ONÍRICA.

LIBERTAS
EN SUAVE CURVATURA BLANCA
LUENGA COMO EL INTERÉS FELINO,
TU RONRONEO ROSA IMPOLUTA
SUDA ROCÍO SIAMÉS HIPNÓTICO.

MANITAS TENUES DE NIÑA,
ALMENDRADOS OJOS CARAMELOS,
Y FRUTOS STRETCH VOLUPTUOSOS
PERFORAN CONCUPISCENCIAS
ÍNTIMAS EN EL POETA.

SON HECHIZOS LAS EMANACIONES
DE CARICIA EN TUS LABIOS.
LLEGAR ES CON LOS DEDOS SEDADOS
TOCAR COMO EL HUMO LA SUAVE PIEL
Y PERDER LA MENTE Y EL ALMA
EN UN NUEVO VERGEL-LABERINTO.

LENTAMENTE LA LENGUA
HACE SU PRIMER BESO A PIE
MÍNIMO MEDIO AROS CRECIENTES
EN QUIETAS AGUAS.

TONIGHT
PANE 2.01V

I IS A MAN WHAT LIVE
AND TROUGH AFTERGLOW
THE SOUL SING
KNOW THAT FOR TRUTH

AND WE CREATION DEPEND ON SIGHT
ANYTHING YOU ACCEP IF
NEXT PERSONS HAVE YOU RESPECT

IT NO MATTER
COS EVERYTHING WHAT IS BUDDHA
IS FREE
CLEAN

IF ONE SUPERNOVA COME
AND SWALLOW WE, IT GOING CAUSE SLATA
THE CHANGE THEM
WHAT GOING COME? WE NO KNOW;
UNDERSTANDING.

THE WEALT OF THE TRAITOR
IS HIM CURSE
YOU SPIRIT, MIND!

NO GOING LET PRESSURE LIMIT
EVERY BEING HAVE ONE TING
WHAT NO OTHA

ONE MAN SEARCH
NEXT MAN SEARCH
SEARCH
YOU SEARCH, REMEMBA?

WHAT YOU FIND IN DA NEXT
IS WHAT YOU RECOGNIZE
HOW YOU FIND THAT
ONE MUST AXE ONESELF

MAKE IT FREE!
IT NO MOLEST NO PERSON
WHAT NO IS SICK (IN DE HEAD)
FROM LIVING NEXT ONE LIFE

CHARGE UP THE IDEA THEM
STRIKE RIGHT THERE, ONE TIME
MESS VANISH
AND REVEAL VULGAR RIGHTEOUSNESS
THE LIGHT SHINE RIGHT
UP WITH PUMA ROAR!
AND YOU HAVE TO SEE.

DAYBREAK, AND THE WIND
MAKE YOU KNOW
INSTANT.

HOLLOGRAPHIC UNIVERSE

BICHA SHIP OF STARS
SHINE UP NEON LECTURE
INFRA-RED LIKE MEMORY
BOT EVEN MORE BRIGHT.

"AUTOMATIC GRATIFICATION
IS ENOUGH REASON
                    TANK YOU"

RECLAIM THE SPEAKER VOICE DEM
WHILE HALLUCINIATION MARVEL WE
ILLUMINATING FALSE EXTASIS SEX.

NEW APPLICATIONS FOR REALIZATION
(NO COMMITMENT, PLUG AND PLAY)
BRING KNOWLEDGÉ IN COLOR ETEREAL
AND WAIT ON ILLUSION AND PATIENCE,
I CONVEY INSANE SERIOUSNESS.

INNOVATION ON REASON
MAKE PRACTICE FOR EASY GENESIS.